Auf *Deutsch,* bitte!

Glossar & Lösungen

기본독일어 단어장 · 해답

Auf *Deutsch*, bitte!

Glossar & Lösungen

E.PRESS

일러두기

여기에 제공되는 단어장과 연습문제의 해답은 초보자를 위한 기본독일어 교재 Auf *Deutsch,* bitte!의 별책 부록으로 출간된 것이다. 이 부록의 일차적인 목적은 학습자들이 예습 · 복습을 비롯하여 혼자서도 수월하게 학습을 할 수 있게 하는 것이다. 또한 교수자들은 제한된 강의 시간과 학습자들의 수준을 고려하여 이 단어장과 연습문제 해답을 효과적으로 활용할 수 있을 것이다.

본 부록의 전반부에 수록된 단어장은 알파벳순의 사전식 정렬을 따르지 않고 각 과에서 새로 배우는 어휘들을 교재에 나오는 순서대로 정리한 것이다. 각 단어의 의미 또한 해당 텍스트의 문맥에서 사용되는 의미만을 제시한 것이다. 각 단어의 문법 정보는 본 교재의 학습 수준에 맞추어 아래와 같은 원칙으로 정리하였다.

• 명사: 정관사로 명사의 성을 표시
　　2격 변화 생략
　　복수 표시: 고유의 복수형어미 제시
　　　　단복수 어미 동형일 경우 "–"로 표시
　　　　단수로만 쓰이는 경우 "(nur Singular)"로 표시
　　　　복수로만 쓰이는 경우 "(nur Plural)"로 표시
• 동사: 분리동사의 경우 분리전철과 동사어근 사이를 중점" · "으로 표시
　　불규칙변화 동사의 경우 2, 3인칭 활용형 제시
　　완료형 학습이후 완료형 조동사 sein / haben +과거분사 제시
　　3, 4격 지배동사 구문표시
　　(예: helfen + DAT/ finden + AKK+ADJ)

본 부록의 후반부에는 연습문제의 순서에 따라 해답을 제시함으로써, 학습자 스스로가 정답을 확인할 수 있게 하였고 나아가 각 과에서 배운 내용을 반복, 응용하는 연습을 할 수 있도록 하였다.

보다 쉽고 재미있는 독일어 학습과정이 되기를 기대한다.

2009년 7월
이화여자대학교 독일어교재편찬위원회

Glossar

1 Lektion

Seite 9

die Begrüßung, -en 인사, 인사말
und 그리고
der Abschied, -e 작별
wie 어떻게
heißen …라고 이름 불리다, 이름이 …이다
Sie 당신 (2인칭 존칭)
gehen 가다
es 비인칭 주어
Ihnen 당신에게 (존칭 Sie의 3격)
die Grammtik (nur Singular) 문법
die Wendung, -en 숙어
die Übung, -en 연습문제

Seite 10

bitte 아무쪼록 (부탁, 요청할 때)
hören 듣다
nach·sprechen 따라 말하다
gut 좋은
der Morgen, - 아침
Hallo 안녕 (만날 때 인사말)
der Tag, -e 낮, 하루
der Herr, -en … 씨 (남성), 신사
die Frau, -en … 씨 (여성), 여자
der Abend, -e 저녁
die Nacht, -¨e 밤
auf … 위에, …를 위하여
das Wiedersehen, - 다시 만남
Tschüs 안녕 (헤어질 때 인사말)

Seite 11

ich 나 (1인칭 대명사)
Ihr 당신의 (존칭 Sie의 소유관사)
der Name, -n 이름
du 너 (2인칭 비존칭)
mein 나의 (ich의 소유관사)
sein; ich bin, du bist, er ist, Sie sind …(이)다, …에 있다

ergänzen 채워 넣다, 보충하다

Seite 12
danken 감사하다
mir 나에게 (ich의 3격)
auch 또한, 역시
dir 너에게 (du의 3격)
sehr 매우
super 최상의, 아주 좋은
nicht … 아니다, …가 아닌
so 그렇게, 그런

Seite 13
die Buchstabe, -n 철자, 문자
buchstabieren 철자로 풀어 말하다

Seite 14
die Frage, -n 질문
die Antwort, -en 대답

Seite 15
was 무엇을
sagen 말하다
die Person, -en 사람
der Familienname, -n 성
der Vorname, -n 이름
aber 그러나, 그런데

Seite 16
korrigieren 수정하다
schreiben (글로) 쓰다
groß 큰
oder 혹은, 또는

Seite 17
bilden 만들다, 구성하다
der Satz, -¨e 문장
markieren 표시하다
die Betonung, -en 강세
die Satzmelodie, -n 문장 억양

Seite 18
an·kreuzen 가위표하다
zu·hören 귀 기울여 듣다
auf·schreiben 적다, 기입하다

2 Lektion

Seite 19
das Land, -¨er 국가, 땅
die Stadt, -¨e 도시
die Zahl, -en 숫자
das Interview, -s 인터뷰

Seite 20
welch 어느, 어떤
europäisch 유럽의
kennen 알다
zu·ordnen 부가하다, 병렬시키다
Deutschland 독일
Polen 폴란드

Italien 이태리
die Niederlande 네덜란드
Österreich 오스트리아
die Schweiz 스위스
Frankreich 프랑스
England 영국
Spanien 스페인

Seite 21
woher 어디에서, 어디로부터
kommen 오다
aus …로부터, …에서
wohnen 살다, 거주하다
in …에
die Partnerin, -nen 파트너 (여성)
der Partner, - 파트너 (남성)
wo 어디에
Korea 한국
die Koreanerin, -nen 한국인 (여성)
nein 아니오
der Koreaner, - 한국인 (남성)
die Japanerin, -nen 일본인 (여성)
der Japaner, - 일본인 (남성)
die Chinesin, -nen 중국인 (여성)
der Chinese, -n 중국인 (남성)
die Deutsche, -n 독일인 (여성)
der Deutsche, -n/ ein Deutscher 독일인 (남성)

Seite 23
die Telefonnummer, -n 전화 번호
die Handynummer, -n 핸드폰 번호
die Notiz, -en 메모

Seite 24
wer 누구, 누가
was 무엇이
von …의, …에 속하는
der Beruf, -e 직업
die Studentin, -nen 대학생 (여성)
spielen 연기하다, 놀다
der Dialog, -e 대화
per …로, …에 의해
die Adresse, -n 주소
er 그 (남성 3인칭 대명사)
sie 그녀 (여성 3인칭 대명사)

Seite 25
der Kurs, -e 강좌, 수업
der Wohnort, -e 주거지
das Telefon, -e 전화
ihr 그녀의 (sie의 소유관사)
sein 그의 (er의 소유관사)
vor·stellen 소개하다
der Student, -en 대학생 (남성)
der Designer, - 디자이너 (남성)
die Position, -en 위치
ja 예

Seite 26
verheiratet 기혼인, 결혼한
ledig 미혼인
die Wortstellung, -en 어순

Seite 27
die Hauptstadt, -¨e 수도
lesen 읽다
Japan 일본

Seite 29
ah 아 (감탄사)

Seite 30
das Bingospiel, -e 빙고 게임

3

Lektion

Seite 33

das 이것, 이 사람

die Familie, -n 가족

der Vater, -¨ 아버지

die Mutter, -¨ 어머니

die Eltern (nur Plural) 부모 (복수로만 쓰임)

die Schwester, -n 여자 형제

der Bruder, -¨ 남자 형제

die Geschwister (nur Plural) 형제자매 (복수로만 쓰임)

der Sohn, -¨e 아들

die Tochter, -¨ 딸

das Kind, -er 자녀, 어린이

die Flugbegleiterin, -nen 스튜어디스

der Fußballspieler, - 축구 선수 (남성)

die Zahnärztin, -nen 치과 의사 (여성)

der Bäcker, - 제빵사 (남성)

der Hausmann, -¨er 가정주부 (남성)

die Hausfrau, -en 가정주부 (여성)

der Journalist, -en 언론인, 기자 (남성)

die Journalistin, -nen 언론인, 기자 (여성)

der Lehrer, - 선생님 (남성)

die Lehrerin, -nen 선생님 (여성)

der Musiker, - 음악가 (남성)

die Musikerin, -nen 음악가 (여성)

der Geschäftsmann, -¨er 사업가 (남성)

die Geschäftsfrau, -en 사업가 (여성)

der Schüler, - 학생 (남성)

die Schlülerin, -nen 학생 (여성)

der Verkäufer, - 상인 (남성), 판매원

die Verkäuferin, -nen 상인 (여성), 판매원

Seite 34

studieren 대학에서 …을 전공하다

die Germanistik (nur Singular) 독어독문학 (단수로만 쓰임)

die Kunstgeschichte (nur Singular) 미술사 (단수로만 쓰임)

Seite 35

der Großvater, -¨er 할아버지

die Großmutter, -¨er 할머니

die Bankkauffrau, -en 은행원 (여성)

der Beamte, -n/ ein Beamter 공무원 (남성)

jetzt 지금

Seite 36

der Stammbaum, -¨e 가계도

der Enkelsohn, -¨e 손자

die Enkeltochter, -¨ 손녀

das Enkelkind, -er 손자 또는 손녀

der Schwager, -¨ 배우자의 남자 형제, 여자 형제의 남편

die Schwägerin, -nen 배우자의 여자 형제, 남자 형제의 부인

der Onkel, - 큰/작은아버지, 외삼촌, 고모부/이모부

die Tante, -n 큰/작은어머니, 외숙모, 고모/이모

der Mann, -¨er 남편, 남자

die Frau, -en 아내, 여자

der Schwiegervater, -¨ 시아버지, 장인

die Schwiegermutter, -¨ 시어머니, 장모

die Schwiegereltern (nur Plural) 시부모, 장인장모 (복수로만 쓰임)

der Schwiegersohn, -¨e 사위
die Schwiegertochter, -¨ 며느리

Seite 37
der Personalpronomen, -nomina 인칭대명사
wir 우리 (1인칭대명사 ich의 복수형)
ihr 너희들 (2인칭대명사 du의 복수형) / 그들의 (3인칭 복수형 sie의 소유관사)
sie 그들 (3인칭 복수형 대명사)
Sie 당신/당신들 (존칭 Sie 단복 동형)
der Possesivartikel, -n 소유관사
Ihr 당신의 (존칭 Sie의 소유관사)

Seite 38
machen 하다, 만들다
arbeiten 일하다

Seite 39
der Neffe, -n 조카 (남성)
das Jahr, -e 연, 해, 연도
alt 나이 든, 오래된

Seite 40
das Diplom, -e 대학 졸업 학위
der Ingenieur, -e 기술자 (남성)
das Gymnasium, -sien 김나지움, 인문계 중 · 고등 통합 학교
das Stadttheater, - 시립 극장
die Bank, -en 은행
der Angestellte, -n/ ein Angestellter 직장인, 피고용인 (남성)
die Angestellte, -n 직장인, 피고용인 (여성)
der Schauspieler, - 배우 (남성)
die Schauspielerin, -nen 배우 (여성)
bei …에서, …옆에

Seite 41
schön 좋은, 아름다운
noch 아직, 더
passend 알맞은, 적당한
die Form, -en 형태

Seite 42
dort 거기에, 거기에서
der Opa, -s 할아버지 (어린아이의 말)
die Oma, -s 할머니 (어린아이의 말)
die Chemie (nur Singular) 화학 (단수로만 쓰임)
der Sänger, - 가수 (남성)
der Tourist, -en 관광객 (남성)

4 Lektion

Seite 44
das Arbeitszimmer, - 서재, 공부방
das Bad, -¨er 욕실 (욕조가 있는)
der Balkon, -e 발코니
der Flur, -e 복도, 마루
die Küche, -n 부엌
das Schlafzimmer, - 침실
die Toilette, -n 화장실
vor·stellen 소개하다
die Wohnung, -en 집

das Wohnzimmer, - 거실
zeichnen (그림으로) 그리다

Seite 45
alt 오래된, 낡은
das Auto, -s 자동차
dort 거기에, 그곳에
dunkel 어두운
groß 큰
das Haus, -¨er 집 (주택)
hell 밝은
hier 여기에, 이곳에
klein 작은
neu 새것인, 새로운
sauber 깨끗한
schmutzig 더러운, 지저분한

Seite 46
altmodisch 구식의, 유행에 뒤떨어진
breit 넓은
laut 시끄러운
modern 현대적인
nicht … 아니다, 않다 (동사 또는 형용사의 부정)
praktisch 실용적인
ruhig 조용한
schmal 좁은

Seite 47
das Bett, -en 침대
die Brille, -n 안경
das Handy, -s 핸드폰
die Lampe, -n 전등
der MP3-Player MP3
das Regal, -e 선반, 책장
der Schrank, -¨e 장(롱)
der Schreibtisch, -e 책상
das Sofa, -s 소파
sortieren 분류하다
der Stuhl, -¨e 의자
die Tasche, -n 가방
das Telefon, -s 전화
der Teppich, -e 카펫
die Uhr, -en 시계
die Vase, -n 꽃병
das Wort, -¨er 단어

Seite 48
brauchen …이 필요하다
der Computer, - 컴퓨터
ein 하나의, 어떤 (부정관사)
haben 가지고 있다
kein …없는, 아닌 (명사의 부정)
das Zimmer, - 방

Seite 49
der Tisch, -e 탁자

Seite 50
schön 예쁜, 좋은

Seite 51
die Armbanduhr, -en 손목시계
bequem 편(안)한
billig (값이) 싼
das Bücherregal, -e 책장
endlich 마침내
der Gartenstuhl, -¨e 정원용 의자
die Handtasche, -n 핸드백
hässlich 추한, 못생긴
das Kinderbett, -en 어린이용 침대
der Kleiderschrank, -¨e 옷장
das Ledersofa, -s 가죽 소파
praktisch 실용적인
die Sonnenbrille, -n 선글라스

die Tischlampe, -n 전기 스탠드
sehr 매우
unbequem 불편한
unpraktisch 비실용적인

Seite 52
die Butter (nur Singular) 버터 (단수로만 쓰임)
der CD-Player, - CD플레이어
einfach 간단한, 쉬운
der Esstisch, -e 식탁
der Fernseher, - 텔레비전
das Faxgerät, -e 팩스
ganz 아주, 전적으로
gemütlich 아늑한, 기분 좋은
schwer 어려운
die Stereoanlage, -n 오디오
der Videorecorder, - 비디오

5 Lektion

Seite 54
der Apfel, -¨ 사과
die Banane, -n 바나나
Bitte schön! 어서 오세요! (판매원이 손님을 맞을 때)
das Brot, -e (큰 덩어리) 빵
das Gramm (g) 그램
hätten 가지고 싶다 (haben의 공손한 표현, 소망형)
die Kartoffel, -n 감자
der Käse (nur Singular) 치즈 (단수로만 쓰임)
das Kilo (kg) 킬로그램 (드물게 복수형이 Kilos)
der Markt, -¨e 시장
möchten 원하다 (공손한 표현, 소망형)
die Orange, -n 오렌지
das Pfund 파운드 (단수로만 쓰임)
das Schweinefleisch (nur Singular) 돼지고기 (단수로만 쓰임)
Sie wünschen? 뭘 원하세요? (판매원이 손님에게)
die Tomate, -n 토마토
wie viel 얼마나
viel 많은

Seite 55
an˙sehen; du siehst an, er sieht an 보다
das Bier, -e 맥주 (단수로만 쓰임)
der Cent 센트
der Euro 유로
der Kaffee, -s 커피
das Lebensmittel, - (meist Plural) 식료품 (대부분 복수형)
der Lebensmittelladen, -¨ 식료품 가게
die Milch 우유
das Mineralwasser (nur Singular) 생수 (단수로만 쓰임)
lesen; du liest, er liest 읽다
der Preis, -e 가격
der Saft, -¨e 주스
das Sonderangebot, -e 세일 상품
der Tee, -s 차

Seite 56
der Becher, - (포장 단위) 통, 컵
die Dose, -n 깡통, 캔
das Ei, -er 달걀
essen; du isst, er isst 먹다
die Flasche, -n 병, 유리병
gern(e) 즐겨, 기꺼이
der Joghurt, -s 요구르트
kosten (가격이) …이다, 비용이 들다
der Kartoffelauflauf, -¨e 감자 그라탕 (주로 단수로만 쓰임)
die Packung, -en (포장 단위) 팩
der Schinken (nur Singular) 햄 (단수로만 쓰임)

Seite 57
an·kreuzen ×표 하다
Das ist alles. 그게 전부입니다
der Einkaufszettel, - 쇼핑 리스트
das Fleisch 고기, 육류
der Gouda, -s 가우다 치즈 (네덜란드의 지명을 딴 치즈 종류)
kochen 요리하다
der Laden, -¨ 가게
Sonst noch etwas? 그 밖에 더 필요하신 것이 있나요?
der Tante-Emma-Laden, -¨ (옛날 스타일의) 작은 식료품 가게
zusammen 합해서

Seite 58
das Brötchen, - (작은 크기의) 빵
der Liter, - 리터
die Maßangabe, -n 도량 단위 (척도)
die Mengenangabe, -e 수량 표시
die Preisangabe, -e 가격 표시

Seite 59
der Kuchen 케익
das Stück, -e 조각

Seite 60
das Ei, -er 계란
die Zwiebel, -n 양파

Seite 61
der Zucker (nur Singular) 설탕 (단수로만 쓰임)

Seite 62
Das macht nichts. 괜찮습니다, 상관없어요
ein·kaufen 장을 보다, 쇼핑하다
leider 유감스럽게도
Was darf es denn sein? 뭘 드릴까요?

6 Lektion

Seite 64
der Apfelsaft, -¨e 사과 주스
der Auflauf 그라탕
berichten 보고하다
die Bratwurst 구운 소시지
die Cola, -s 콜라
Ich esse gern … 나는 …을 즐겨 먹는다
Lieblings- 가장 좋아하는 (음식 · 물건 · 사람 등)

das Lieblingsessen, - 좋아하는 음식
das Lieblingsgetränk, -e 좋아하는 음료
der Orangensaft, -¨e 오렌지 주스
die Pizza, -s 피자
schmecken 맛있다, …한 맛이 나다
lecker 맛있는
das Schnitzel 슈니첼 (독일식 돈까스)
der Schweinebraten 돼지고기 구이
trinken (음료) 마시다

Seite 65

bestellen 주문하다
bezahlen 지불하다, 계산하다
der Braten, - (오븐에 구운) 고기 요리 (주로 단수로만 쓰임)
die Gemüsesuppe, -n 야채 스프
das Käsebrot, -e 치즈 넣은 빵
nehmen; du nimmst, er nimmt 먹다, 받다
der Salat, -e 샐러드
das Schinkenbrot, -e 햄 넣은 빵
die Spaghetti (nur Plural) 스파게티 (복수로만 쓰임)

Seite 66

der Apfelkuchen, - 사과 케익
der Appetit (nur Singular) 식욕 (단수로만 쓰임)
Guten Appetit! 맛있게 드세요!
der Hunger (nur Singular) 배고픔, 공복 (단수로만 쓰임)
der Käsekuchen, - 치즈 케익
Prost! 건배!
vielleicht 아마도, 어쩌면, 혹시

Seite 67

bezahlen 지불하다, 값을 치르다
das Café, -s 카페
das Eis, - 아이스크림 (단수로만 쓰임)
der Fisch, -e 생선
die Forelle, -n 송어
das Gericht, -e 음식
der Milchkaffee, -s 카페라떼
die Nachspeise, -n 후식
der Obstkuchen, - 과일 케익
der Sekt, -e 샴페인
die Speise, -n 음식
die Speisekarte, -n 메뉴판
die Tasse, -n (커피)잔
Torte, -n 케익, 토르테

Seite 68

sofort 즉시, 금방
zusammen oder getrennt? 함께 또는 따로? (식사 후 계산할 때)
Stimmt so! 됐습니다! (잔돈을 받지 않을 때)
zu dritt 셋이서
das Rollenspiel, -e 역할극
das Essen (nur Singular) 음식, 식사 (단수로만 쓰임)

Seite 69

das Demonstrativpronomen, - 지시대명사
definit 정해진
indefinit 정해지지 않은
das Hähnchen, - 통닭

Seite 71

dann 그럼
eingeladen 초대받은
die Pommes (nur Plural) 감자튀김 (복수로만 쓰임)

Seite 72

das Gemüse, - 야채
kein … mehr 더 이상 … 아닌, 없는

das Motorrad, -¨er 오토바이
das Restaurant, -s 레스토랑, 식당
vergleichen 비교하다
zuerst 우선

7 Lektion

Seite 74
das Kaufhaus, -¨er 백화점
die Elektronik, -en 전자 제품
die Sportbekleidung, -en 운동복
das Sportgerät, -e 운동 기구
die Damenmode, -n 여성 의류
die Herrenmode, -n 남성 의류
die Kosmetik, -a 화장품
die Haushaltsware, -n 가사 용품
der Stock, Stockwerke 층

Seite 75
geben; du gibst, er gibt 주다
es gibt + AKK …이 (4격) 있다
finden 발견하다, 찾다
finden + AKK + ADJ …을 (4격) …라고 생각하다
helfen + DAT; du hilfst, er hilft …을 (3격) 돕다
die Mütze, -n (챙이 없는) 모자

Seite 76
suchen 찾다, 구하다
blau 파란
der Wollteppich -e 모직 양탄자
schwarz 까만
die Bluse, -n 블라우스
gelb 노란
der Mantel, -¨ 외투
das Kleid, -er 원피스
die Hose, -n 바지
die Größe, -n 크기
der Regenbogen (nur Singular) 무지개 (단수로만 쓰임)
rot 빨간
orangefarben 주황의, 오렌지색의
grün 초록의
dunkelblau 남색, 곤색
violett 보라색

Seite 77
gefallen + DAT; du gefällst, er gefällt …의 (3격) 마음에 들다
modern 현대적인, 모던한
mir 나에게
dir 너에게
ihm 그에게
ihr 그녀에게
doch 웬걸, 웬걸요 (부정의문문에 대한 긍정 대답)

Seite 78
der Anzug, -¨e 양복
der Rock, -¨e 치마
die Jacke, -n 재킷
der Pullover, - 스웨터
das Hemd, -en 남방셔츠

die Jeans - 진, 청바지
der Hut, -¨e 모자
der Handschuh, -e 장갑
die Socke, -n 양말
der Turnschuh, -e 운동화 (주로 복수형으로 쓰임)
der Stiefel, - 부츠, 장화 (주로 복수형으로 쓰임)
da hinten 저기 뒤쪽에
da vorne 저기 앞쪽에

Seite 79
an·probieren 입어 보다
wollen 원하다
die Umkleidekabine, -n 탈의실
der Kunde, -n 손님, 고객
passen + DAT …에게 (3격) 맞다, 어울리다
die Kasse, -n 계산대
der Tennisball, -¨e 테니스공
die Sportabteilung, -en 스포츠 용품부
der Jogginganzug, -¨e 조깅복

der Topf, -¨e 냄비

Seite 82
die Feinkost (nur Singular) 진미, 미식, 별미 (주로 단수형으로 쓰임)
hellblau 연푸른, 하늘색
braun 갈색

Seite 83
grau 잿빛의, 회색
wem 누구에게
ein Paar 한 쌍의, 한 켤레의

Seite 84
möchten …하고 싶다
der Film, -e 영화
hören 듣다
die Wolljacke, -n 모직 재킷
das Sommerkleid, -er 여름 원피스

8 Lektion

Seite 86
heute 오늘
auf·stehen 일어나다
frühstücken 아침 식사하다
das Zimmer, - 방
auf·räumen 청소하다
fern·sehen; du siehst fern, er sieht fern 텔레비전을 보다, TV 시청하다
essen zu Mittag 점심 식사하다
an·rufen 전화를 걸다, 통화하다
ein·kaufen 장보다

Seite 87
der Tagesablauf, -¨e 하루 일과, 하루 일정
um …(시)에
von … bis … …에서 …까지
erzählen 이야기하다
zur Uni gehen 대학에 가다
ins Bett gehen 잠자리에 들다
die Vorlesung, -en 강의

Seite 88
jeden Morgen 매일 아침

jeden Tag 매일
jeden Abend 매일 저녁
am Morgen, morgens 아침에
am Vormittag, vormittags 오전에
am Nachmittag, nachmittags 오후에
am Abend, abends 저녁에
sprechen über + AKK …에 (4격) 대해 말하다
wieder 다시

Seite 89

ins Theater gehen 연극을 보러 극장에 가다
berichten 보고하다

Seite 90

spät 늦은
Wie spät ist es? 몇 시입니까?
die Uhr, -en 시계, 시
Wie viel Uhr ist es? 몇 시입니까?
das Viertel, - 4분의 1, 15분

Seite 91

die Verabredung, -en 약속
die Lust, -¨e …하고 싶은 마음, 욕구, 흥미
heute Abend 오늘 저녁
heute Nachmittag 오늘 오후
ins Kino gehen 극장에 가다
in die Bibliothek gehen 도서관에 가다
schwimmen gehen 수영하러 가다
treffen; du triffst, er trifft 만나다
die Theaterkarte, -n 연극 티켓
Tut mir leid! 미안합니다!
Schade! 유감입니다!
vielleicht 혹시, 어쩌면, 아마도
ins Museum gehen 박물관에 가다
mit·kommen 함께 가다
vor·haben; du hast…vor, er hat…vor …을 할 생각이다, 계획이다
einkaufen gehen 장을 보러 가다
essen gehen 먹으러 가다, 외식을 하러 가다

Seite 92

morgen 내일
übermorgen 모레
der Montag, -e 월요일
der Dienstag, -e 화요일
der Mittwoch, -e 수요일
der Donnerstag, -e 목요일
der Freitag, -e 금요일
der Samstag, -e 토요일
der Sonnabend, -e 토요일
der Sonntag, -e 일요일
das Wochenende, -n 주말
der März, -e (Pl. selten) 3월

Seite 93

trennbar 분리할 수 있는
trennbare Verben 분리 동사
der Satz, -¨e 문장
der Hauptsatz, -¨e 주문장
die Position, -en 위치

Seite 94

temporal 시간의
die Präposition, -en 전치사
temporale Präposition 시간 전치사

Seite 95

besuchen 방문하다
der Computerkurs -e 컴퓨터 강좌
die Hausaufgabe, -n 숙제, 과제

Seite 96

duschen 샤워하다
ins Kaufhaus gehen 백화점에 가다

die Nacht, -¨e 밤
in der Nacht 밤에

der Fußball, -¨e 축구

9 Lektion

Seite 98
das Wetter, - 날씨
die Sonne, -n 해, 태양
scheinen 해가 나다
regnen 비가 오다
bewölkt 구름 낀
windig 바람이 부는
schneien 눈이 오다
die Temperatur, -en 온도
der Grad, -e (온)도, 정도
heiß 뜨거운, 더운
warm 따뜻한
kühl 시원한
kalt 찬, 추운
der Regen, - 비
die Wolke, -n 구름
der Wind, -e 바람
der Schnee, (nur Singular) 눈

Seite 99
der Wetterbericht, - 기상 보도, 일기예보
der Norden (nur Singular) 북, 북쪽(단수로만 쓰임)
der Osten (nur Singular) 동, 동쪽(단수로만 쓰임)
der Süden (nur Singular) 남, 남쪽(단수로만 쓰임)
der Westen (nur Singular) 서, 서쪽(단수로만 쓰임)
minus 마이너스, 영하의

Seite 100
die Jahreszeit, -en 계절
der Frühling, -e 봄
der Sommer, - 여름
der Herbst, -e 가을
der Winter, - 겨울
häufig 자주, 종종
golden 황금의
der Oktober, - 10월

Seite 101
die Freizeit, -en 여가 시간
das Hobby, -s 취미
Sport treiben 스포츠를 하다, 운동하다
singen 노래부르다
tanzen 춤추다
das Klavier, -e 피아노
Klavier spielen 피아노를 치다, 연주하다
schlafen 잠자다, 자다
wandern 등반하다, 걷다
lesen 읽다
zeichnen 소묘하다

Seite 102
leider 유감스럽게도
malen 그림 그리다
können 할 수 있다
müssen 해야만 한다

dürfen 해도 좋다, 해도 된다 (허락, 허용의 의미)
wollen 원하다

Seite 103

in die Stadt gehen 시내로 가다
ins Konzert gehen 음악회에 가다
zu Hause 집에, 집에서
die Grillparty, -s 그릴 파티
der Test, -s 테스트, 시험
krank 아픈, 병이 난
brauchen 필요로 하다
die Ruhe, -n 휴식, 안정, 고요
die Gitarre, -n 기타
Gitarre spielen 기타를 연주하다
die Ostsee, -n 동해
der Urlaub, -e 휴가
der Campingurlaub, -e 캠핑, 야영
in die Alpen fahren 알프스에 가다
der Ski, -er 스키
Ski fahren 스키를 타다

Seite 104

die Wettervorhersage, -n 일기예보
meist 대개, 대부분
sonnig 해가 나는
am nächsten Tag 다음날

Seite 105

das Modalverb, -en 조동사
rauchen 담배를 피우다
jetzt 지금
der Ausflug, -¨e 소풍
parken 주차하다
leise 조용히, 낮은 소리로

Seite 106

der Vokalwechsel, - 모음 변화
empfehlen; du empfiehlst, er empfiehlt 추천하다
laufen; du läufst, er läuft 뛰다, 걷다

Seite 107

circa (= ca.) 대략, 약

Seite 108

die Lücke, -n 틈, 빈 칸
die Zeitung, -en 신문

Seite 109

in die Kirche gehen 교회에 가다
in die Schule gehen 학교에 가다
zum Arzt gehen 의사에게 가다, 병원에 가다
verstehen 이해하다

Seite 110

der Käsekuchen, - 치즈 케익
mit·machen 함께하다
die Rechnung, -en 계산서
bezahlen 지불하다

10 Lektion

Seite 112

der Tagesablauf, -¨e 하루 일과
duschen 샤워하다
die SMS, - 문자 메시지
schicken 보내다

Seite 113

essen; er isst, er hat gegessen 먹다

Seite 114

sprechen; er spricht, er hat gesprochen 말하다
das Perfekt 현재완료형
der Wecker, - 알람 시계
klingeln 울리다
war sein의 과거형
hatte haben의 과거형

Seite 115

der Wochentag, -e 요일
der Februar (nur Singular) 2월 (단수로만 쓰임)
diesen Monat 이번 달에
letzte Woche 지난 주에
vorgestern 그저께
gestern 어저께
diese Woche 이번 주에

Seite 116

Computer spielen 컴퓨터 게임하다
der März (nur Singular) 3월 (단수로만 쓰임)
der Mai (nur Singular) 5월 (단수로만 쓰임)
der Juni (nur Singular) 6월 (단수로만 쓰임)
der Juli (nur Singular) 7월 (단수로만 쓰임)
der September (nur Singular) 9월 (단수로만 쓰임)
der November (nur Singular) 11월 (단수로만 쓰임)
der Dezember (nur Singular) 12월 (단수로만 쓰임)
Inline-Skate laufen 인라인스케이트를 타다
die Kirche, -n 교회
zu Hause 집에
bleiben; er bleibt, er ist geblieben 있다, 머물다

Seite 117

das Geschenk, -e 선물
für sich selbst 자기 자신을 위해
der Trainingsanzug, -¨e 트레이닝복, 운동복
die Badehose, -n 수영복
die Schwimmbrille, -n 물안경

Seite 118

das Präteritum 과거형

Seit 119

temporal 시간적인, 시제의
die Präposition, -en 전치사

Seite 121

der Comic, -s 만화책
der Ausflug, -¨e 소풍

Seite 122

unglücklich 불행한
glücklich 행복한
jung 젊은

der Hunger (nur Singular)　배고픔, 공복 (단수로만 쓰임)

der Durst (nur Singular)　목마름 (단수로만 쓰임)

der Hund, -e　개

die Katze, -n　고양이

anders　다른

wirklich　정말

Seite 123

der Chor, -¨e　합창단

die Wäsche (nur Singular)　빨래 (단수로만 쓰임)

waschen; er wäscht, er hat gewaschen　(빨래를) 빨다

etwas　(어떤) 것, 무언가

der Film, -e　영화

zuerst　우선, 처음에

dann　그 다음에

da　그때, 거기서

danach　그러고 나서

anschließend　이어서

benutzen　사용하다

11 Lektion

Seite 125

willkommen　환영하는, 환영합니다 (인사말)

Seite 126

der Gruß, -¨e　인사말

der Glückwunsch, -¨e　축하 인사(말)

der Kugelschreiber, -　볼펜

hoffentlich　바라건대

gefallen + DAT; du gefällst, er gefällt　…이 (3격) 마음에 들다

bis dann　그때 보자

liebe Grüße　잘 있어 (편지글에서 친한 사람끼리 하는 인사)

Seite 127

sehr geehrte Frau …　존경하는 … 씨

endlich　드디어

über … sprechen　… 에 대해서 말하다

der Tip, -s　충고, 조언

geben; er gibt, er hat gegeben　주다

freundlich　친절한

an·fangen; er fängt an, er hat angefangen　시작하다

sich melden　연락하다

Seite 128

der Alkohol　알코올

die Stadt, -¨e　도시

besichtigen　관광하다, 구경하다

an·kommen; er ist angekommen　도착하다

die Tante, -n　이모, 고모, 아줌마

Seite 129

liebe (Katrin)　사랑하는, 친애하는 (카트린)

fantastisch　너무 좋은, 환상적인

wunderschön　황홀한, 너무나 아름다운

Seite 130

das Internetprojekt, -e 인터넷 프로젝트

lösen 풀다

die Aufgabe, -n 과제

die Bundeshauptstadt (독일연방공화국의) 수도

die Sehenswürdigkeit, -en 관광 명소, 구경거리

aus·wählen 선택하다

auf·schreiben; er hat aufgeschrieben 쓰다

das Museum, Museen 박물관

die Spezialität, -en 특별한 먹거리

die Unterkunft, -¨e 숙소, 숙박할 장소,

maximal 최대한

pro Nacht 하룻밤에

weiter·reisen 계속 여행하다

folgend 다음의

Seite 133

aus·gehen; er ist ausgegangen 외출하다

Liebe / Lieber 친애하는

Viele Grüße, Herzliche Grüße 안녕히 (편지글의 작별 인사말)

Bis bald! 곧 다시 만나자!

Sehr geehrter Herr … 존경하는 … 씨 (남자)

Mit freundlichen Grüßen 안녕히 계십시오 (격식을 차려야 하는 편지글 인사)

Ihr(e) 당신의 …

Herzlichen Glückwunsch zum Geburtstag! 생일 축하해 (요)!

Seite 134

ein·laden; er lät ein, er hat eingeladen 초대하다

beginnen; er hat begonnen 시작하다

Seite 135

der Flug, -¨e 비행

von … nach … …부터 …까지

ungefähr 약, 대략

dauern 걸리다, 지속되다

nehmen; er nimmt, er hat genommen 타다

sitzen; er hat gesessen 앉아 있다

die Touristen-Information (nur Singular) 관광 안내소 (단수로만 쓰임)

der Stadtplan, -¨e 시내 지도

das Kulturprogramm, -e 문화 프로그램

holen 가져오다

müde 피곤한

sofort 즉시

ein·schlafen; er schläft ein, er ist eingeschlafen 잠이 들다

erst (…시)에서야

morgens 아침에

wieder 다시

auf·wachen; er ist aufgewacht 깨어나다

das Brandenburger Tor 브란덴부르크 문

das Reichtagsgebäude (nur Singular) 국회 건물 (단수로만 쓰임)

mit Kuppel darauf 반구형 지붕이 그 위에 있는

bekommen; er hat bekommen 받다

später 후에, 나중에

Schlachtplatte 베를린 특유의 고기 요리

Berliner Spezialität 베를린의 특별 요리

Berliner Weiße 베를린의 맥주 종류

Seite 136

der Tiergarten 동물원

zurück·gehen; er ist zurückgegangen 돌아가다

todmüde 매우 피곤한

gleich 곧

Potsdam 포츠담 (독일의 도시 이름)

klappen 잘되다

12 Lektion

Seite 137

fremd 낯선

Seite 138

die Wegbeschreibung, -en 길 안내, 길 설명
die Buchhandlung, -en 서점
immer 계속, 항상
geradeaus 똑바로
rechts 오른쪽으로
links 왼쪽으로
die erste Straße 첫 번째 도로에서
die U-Bahnstation, -en 지하철역

Seite 139

die Post (nur Singular) 우체국 (단수로만 쓰임)
das Verkehrsmittel, - 교통수단
die Straßenbahn, -en 경전철
die U-Bahn, -en 지하철
die Linie 2 2번 노선

Seite 140

die Jugendherberge 유스호스텔
nächst 가장 가까운
über …를 건너서, … 너머
die Ampel, -n 신호등
am (Ottoplatz) (오토광장)에

Seite 141

welch(e) 어떤
direkt 직접, 직통으로
die Haltestelle, -n 정류장
neben … 옆에
es gibt + Akk. …가(4격) 있다
an der Ecke 모퉁이에

Seite 142

das Raumangebot, -e 객실 안내
7 × 12-Bettzimmer 12인실 방(=침대가 12개 있는 방)이 7개
die Eingangshalle, -n 입구 앞 로비
der Internet-Corner, - 인터넷 코너
der Frühstücksraum, -¨e 아침 식사하는 식당
der Aufenthaltsraum, -¨e 휴식 공간
das Bistro, -s 간단한 음식을 먹을 수 있는 카페
der Trockner, - 건조기
der Tagungsraum, -¨e 회의장
der Preis, -e 가격
inkl. (=inklusive) 포함된
die Bettwäsche (nur Singular) 침대보(이불보와 베갯잇) (단수로만 쓰임)
HP (=die Halbpension) 숙박과 아침, 점심 혹은 저녁 식사 (2끼만 제공)
VP (= die Vollpension) 숙박과 아침, 점심 그리고 저녁 식사 (3끼 제공)
Sonstiges 기타
durchgehend 계속, 휴식 / 휴일 없이
das Weihnachten, - 크리스마스
das Programmangebot, -e 프로그램
die Schulklasse, -n 학생(단체), 학급
die Gruppe, -n 그룹
die Sportveranstaltung, -en 스포츠 행사
entfernt 떨어진
die Messe, -n 국제 무역 전람회

Seite 143

enthalten; es enthält 포함하다
der Feiertag, -e 휴일
geöffnet 열린
die Verkehrsverbindung, -en 교통편
die Rezeption, -en 접수
übernachten; er hat übernachtet 묵다, 머물다
frei 빈
das Formular, -e 서류
aus·füllen; er hat ausgefüllt 작성하다
wie lange 얼마나 (오래)
wunderbar 훌륭한
der Frühstücksraum, -¨e 아침 식사를 하는 식당
beachten 주의하다
verboten 금지된
Alles klar! 잘 알았어요!
der Reisepass, -¨e 여권

Seite 144

lokal 위치의, 장소의
hängen 걸려 있다
an …에
neben … 옆에

Seite 145

in … 안에
zu … 방향으로
das Einzelzimmer, - 1인실
das Doppelzimmer, - 2인실

Seite 146

das Flugzeug, -e 비행기

Seite 147

das Rathaus, -¨er 시청
die Apotheke, -n 약국
der Vorteil, -e 장점
die Umgebung, -en 근처, 주위
unternehmen; er unternimmt, er hat unternommen
외출해서 즐겁게 지내다
die Dusche, -n 샤워기
der Dom, -e 대성당
das WC, -(s) 화장실
ausgestattet …를 갖춘

Lösungen

Lektion 1

1. a. Guten Tag! — Guten Tag! b. Gute Nacht! — Gute Nacht! c. Tschüs! — Tschüs! d. Guten Morgen! — Guten Morgen! **2.** Anna, Schmidt, Thomas **3.** a. Mein Name ist Andrea. Und wie heißt du? b. Ich heiße Michael. c. Mein Name ist Minho Kim. d. Guten Abend, wie geht es Ihnen? e. Danke, gut. Und Ihnen? **4.** a. Wie heißt du? — Ich heiße Klaus. b. Ich heiße Daniel Keller. Und Sie? — Jürgens, Udo Jürgens. c. Ich heiße Doris Beckmann. Wie ist Ihr Name? — Mein Name ist Peter Bildhauer. d. Wie geht es dir? — Danke, gut. Und dir? **5.** a. Wie heißen Sie? b. Ich heiße Thomas. c. Ich heiße Thomas Weber. d. Mein Familienname ist Lee. e. Ich bin Leonie. **6.** a. Mein Vorname ist Sandra. b. Wie heißt du? c. Wie ist Ihr Name? d. Wie geht es Ihnen? e. Ich heiße Minho. **7.** Begrüßung: 07.00 Morgen; 09.00 Morgen; 12.00 Tag; 15.30 Tag; 23.00 Abend Abschied: Auf Wiedersehen; Gute Nacht **8.** a. Wie heißen Sie ? ↘ Ich heiße Ina Zimmermann. ↘ Und wie heißen Sie ?↗ Ich heiße Andreas Müller. b. Wie ist Ihr Name ? ↘ Mein Name ist Anna Bauer. ↘ Guten Tag, Frau Bauer.↘ 9. Guten Abend!; Tag!; Auf Wiedersehen!; Gute Nacht!; Nacht! **10.** b. Schmidt c. Meyer d. Beethoven e. Goethe

Lektion 2

1. Frankreich, Paris; Großbritanien, London; Italien, Rom; Österreich, Wien; die Schweiz, Bern **2.** vier, drei, fünf, sechs, elf, sieben, zwölf, neunzehn, drei, acht, siebzehn, zwanzig, vierzehn, neun, fünfzehn, zehn, zwei, sechzehn, achtzehn **3.** a. heiße, komme, wohne b. heißt, kommt, wohnt c. heißt, kommt, wohnt **4.** Lösungsvorschlag: a. Nein, ich heiße nicht Midori. b. Ja, ich komme aus Seoul. c. Nein, ich wohne nicht in München. d. Ja, ich bin Studentin. **5.** Woher kommst du? — Woher kommst du?; wohne — wohne **6.** a. heißen, Sie — heiße b. Ihnen — Danke, gut c. bin, heißt du — du d. dir, danke **8.** 4-2-1-3-5-9-8-0 **9.** [aɪ] Meyer, Nein; [i:] Sie, wie; [iə] Familie; [ɔɪ]

Deutschland, neun

Lektion 3

1. a. Mein Onkel, Mein Großvater, Meine Großmutter, Meine Tante b. meine Kinder, mein Enkelsohn, Schwiegertochter c. ihr, ihre, ihr, ihr d. Mann, sein, seine, Schwägerin **2.** Ingenieur, Lehrer, Schauspielerin, Bankkauffrau **3.** Er, sie, Sie, sie, Sie, Er **4.** sind, bin, studiere, machen, arbeite, arbeitet, ist **5.** a. bin, sind meine b. dein c. ist, ist mein d. seine e. sind meine, mein, meine f. ihr **6.** b. machst du — Ich studiere c. machen Sie — Ich bin d. machen — Sie sind e. macht — Sie ist

Lektion 4

1. altmodisch / modern, praktisch / unpraktisch, neu / alt, billig / teuer, unbequem / bequem, hässlich / schön, klein / groß

2.

m **der**	*f* **die**	*n* **das**
Gartenstuhl	Armbanduhr	Bücherregal
Schreibtisch	Sonnenbrille	Ledersofa
Kleiderschrank	Handtasche	Kinderbett
	Tischlampe	

3. eine, die, ein, ein, eine, ein, einen, das, das, die, ein, ein, ein, ein, ein, der, eine

4. nicht, kein, kein, nicht, kein, kein, nicht, nicht

5. einen, eine, ein, einen, einen, ein, einen, ein, ein, eine

6. Hallo Tag Tasche Schrank Vase Balkon
Herr Telefon Bett Lehrer Peter
Computer Foto Topf dort noch wohnen
Zimmer Brille billig Ihnen hier
Uhr Stuhl Butter gut Flur

Lektion 5

1. Äpfel, Banane, Orangen, Kartoffeln, Eier, Tomaten, Zwiebeln **2.** a. Joghurt: 0,28€ b. Bier: 0,99€ c. Schinken: 0,50€ **3.** ein Euro siebzehn (Cent), ein Euro zehn (Cent), fünfundfünfzig Cent, zwölf Euro einundzwanzig (Cent), hundertneunundneuzig Euro, achtundachtzig Euro fünfzig (Cent), neununddreißig Euro neunundvierzig, eintausendfünfundzwanzig Euro **4.** a. Sie /2 kg Äpfel kosten vier Euro neunundneunzig b. Was kostet ein Brötchen? Das / Es kostet fünfunddreißig Cent. c. Was kosten zehn Eier? (besser als eine Packung Eier!) — Zehn Eier / Sie kosten einen Euro neunundsiebzig. d. Was kostet ein Kilo Rindfleisch? — Ein Kilo Rindfleisch / Es kostet sieben Euro neunundneunzig. e. Was kostet ein Becher Joghurt? — Ein Becher Joghurt / Er kostet fünfundzwanzig Cent. f. Was kostet ein Liter Milch? — Ein Liter Milch / Er kostet neunundachtzig Cent. g. Was kostet eine Flasche Wein? — Eine Flasche Wein / Sie kostet drei Euro neunundneunzig. **5.** Kaffee, ein Pfund, eine

Packung Zucker, Was macht das zusammen?, vierundvierzig Euro neunzig, Auf Wiedersehen! **6.** a. hätte b. kostet c. kosten, kostet d. brauchen, brauche e. braucht

Lektion 6

1. Wurst und Brötchen, Hähnchen und Pommes, Pizza und Cola, Wein und Käse, Schweinebraten und Salat **2.** a. der Tomatensaft b. der Apfelkuchen c. die Gemüsesuppe d. der Milchkaffee e. der Kartoffelsalat **3.** a. ein, einen b. ein c. ein d. ein e. das f. einen, den g. ein, ein h. das, das **4.** a. kein b. keinen c. kein d. nicht e. keinen f. kein g. kein **5.** a. möchten / nehmen, nehme b. trinke, trinkt c. essen d. (be)zahle e. Isst f. Nimmst, nehme **6.** a. darf, sein, Apfelsaft b. Möchtest, Tee, gern c. bezahlen, bezahle, Kaffee d. Familie, isst, Pizza e. Übung

Lektion 7

1. a. Untergeschoss b. ersten Stock c. Untergeschoss d. Die, zweiten Stock e. Die, dritten Stock **2.** weißes, eine, blaues, ein, eine, schwarzes, eine, Hose, Kleid, braune, ein, gelber, grüner, orangefarbene **3.** a. Der, Den b. Die, die c. den d. Das **4.** a. Ihnen, mir b. dir c. ihr d. ihm e. Ihnen, mir f. mir, dir **5.** a. ä b. ö c. ü, ä d. ü **6.** gefällt mir nicht, Ihnen das, Das nehme ich

Lektion 8

1. a. fünf nach sechs b. 16: 30, halb fünf c. 2: 15, Viertel nach zwei d. dreizehn Uhr, ein Uhr /eins e. vierzehn Uhr fünfundfünfzig, fünf vor drei f. fünfzehn Uhr fünfundvierzig, Viertel vor vier **2.** a. ich stehe früh auf. ich stehe nicht früh auf. b. Um 7 Uhr stehe ich auf. c. ich räume gern auf. ich räume nicht gern auf. d. ich sehe gern fern. ich sehe nicht gern fern. e. ich lese gern. ich lese nicht gern. f. ich schwimme gern. ich schwimme nicht gern. **3.** steht, auf / Um, geht, isst, um / hat, von, bis, besucht / geht, macht / geht **4.** a. hast, am, Um, gehe, st, mit b. mir leid, habe, am, Da **5.** b. sie mit ihrem Bruder. c. räumt sie das Zimmer auf. d. fährt sie zur Uni. e. bis 12 Uhr hat sie Vorlesungen. f. 12 Uhr isst sie zu Mittag. g. Nachmittag arbeitet sie in der Bibliothek. h. Abend macht sie Hausaufgaben. i. 10 Uhr schreibt sie E-Mails. j. 11.30 geht sie ins Bett. **6.** b. Stehst du um sieben Uhr auf? c. Er geht um elf Uhr ins Bett. / Um elf Uhr geht er ins Bett. d. Sie duscht am Abend nicht gern. / Am Abend duscht sie nicht gern. e. Wann gehst du heute ins Kaufhaus? f. Sie räumt samstags ihr Zimmer auf. / Samstags räumt sie ihr Zimmer auf. g. Er hört gern in der Nacht Musik. / In der Nacht hört er gern Musik.

Lektion 9

1. Darf man hier rauchen? Wollen wir am Samstag Fußball spielen? Kann ich Ihnen helfen? Willst du mit mir ins Kino gehen? Könnt ihr bitte das Frühstück machen? Muss ich dein Zimmer aufräumen? **2.** a. isst b. esst c. liest d. fährt e. Triffst f. nimmt g. schläfst h. regnet i. Hilft 3. a. ins b. In der c. im d. Im e. ins f. Im g. Im h. in die i. Im **4.** a. s, s b. sch c. S, Sch d. S e. S, sch f. ss, sch g. sch h. s i. s j. ss k. sch l. ß, s **5.** b. Ich kann das nicht verstehen. c. Wollt ihr Käsekuchen nehmen? d. Man darf hier nicht hineingehen. e. Er kann gut kochen. f. Am Wochenende wollen sie Fahrrad fahren. / Sie wollen am Wochenende Fahrrad fahren. g. Am Freitag will ich eine Party machen. / Ich will am Freitag eine Party machen. h. Stefanie kann nicht in die Schule gehen. i. Ich darf den Deutschkurs mitmachen. j. Du musst heute die Rechnung bezahlen. / Heute musst du die Rechnung bezahlen.

Lektion 10

1. frühstücken, essen, lernen arbeiten, machen lesen, hören, schreiben, spielen, kaufen, studieren **2.** a. hast ··· gefrühstückt b. hast ··· gehört c. hast ··· gelernt d. hast ··· gemacht e. hast ··· getroffen f. bist ··· gekommen g. hast ··· gegessen h. hast ··· gelesen i. bist ··· gegangen j. hast ··· geschlafen **3.** Musterlösung: Um 8 Uhr habe ich mit meiner Familie zusammen gefrühstückt. Heute Morgen habe ich keine Musik gehört. Von 9 bis 10 habe ich Deutsch gelernt und Hausaufgaben gemacht. Um 12 Uhr habe ich Freunde getroffen. Um 4 Uhr bin ich wieder nach Hause gekommen. Am Samstag habe ich Spaghetti gegessen. Gestern Abend habe ich ein Buch gelesen. Um 12 Uhr bin ich ins Bett gegangen. Am Wochenende habe ich 12 Stunden lang geschlafen. **4.** a. hat b. hat c. hat d. ist e. ist f. hat g. ist h. hat i. hat j. hat k. hat l. ist **5.** b. war c. war d. waren e. hatte f. hatte g. warst h. war i. hatte **6.** a. habe ··· gegessen b. bin ··· gegangen c. habe ··· gearbeitet d. bin ··· gekommen e. habe ··· gelesen, hatte f. bin ··· gegangen **7.** a. Am Sonntag habe ich lange geschlafen. b. Zuerst habe ich geduscht und gefrühstückt. c. Dann bin ich in die Kirche gegangen. d. Da habe ich im Chor gesungen. e. Am Nachmittag habe ich Freunde getroffen. f. Wir sind zusammen einkaufen gegangen. g. Ich habe einen Badeanzug gekauft. h. Am Abend war ich zu Hause. / Am Abend bin ich zu Hause gewesen. i. Ich habe Wäsche gewaschen j. und etwas gekocht. k. Danach habe ich einen Film gesehen. l. Anschließend bin ich ins Bett gegangen. **8.** ··· **9.** a. Gestern Abend bin ich zu Hause geblieben. b. Letztes Jahr haben wir Spanisch gelernt. c. Am Freitag ist Monika spät nach Hause gekommen. d. Ich habe letzte Woche eine Hose im Kaufhaus gekauft. e. Am Nachmittag hat es viel geregnet. f. Am Montag hat meine Mutter für mich etwas Koreanisches gekocht. g. Wo habt ihr Deutsch gelernt? h. Ich bin im Urlaub Ski gefahren. i. Er hat gestern aus Berlin eine Mail geschrieben. j. Letztes Wochenende haben wir einen Autounfall gehabt.

Lektion 11

1. b. einladen c. anrufen d. aufräumen e. fernsehen f. studieren g. beginnen h. besuchen i. ausgehen **2.** a. ist b. hat c. ist d. ist e. hat f. hat 3. a. Im Sommer haben wir eine Reise nach Deutschland gemacht. b. Am Vormittag habe ich mein Zimmer aufgeräumt. c. Ich habe letzte Woche meine Freundin in Amerika angerufen. d. Gestern Abend bin ich zu Hause geblieben. e. Das Konzert in der Philharmonie hat mir gut gefallen. **4.** b. Wann hast du dein Zimmer aufgeräumt? — Gestern habe ich mein Zimmer aufgeräumt. c. Bist du schon spazieren gegangen? — Nein, ich bin noch nicht spazieren gegangen. d. Wann bist du angekommen? — Gestern Abend bin ich angekommen. e. Hast du am Samstag Markus getroffen? — Ja. Da habe ich ihn getroffen. f. Wann hast du deine Eltern besucht? — Letzte Woche habe ich sie besucht. g. Wen hast du zu deinem Geburtstag eingeladen? — Natürlich habe ich meine Freunde eingeladen. **5.** bin angekommen; hat gedauert; habe genommen; habe gesessen; bin angekommen; bin gegangen; habe geholt; habe genommen; war; bin eingeschlafen; bin aufgewacht; bin gefahren, habe besichtigt; habe gesehen; habe besucht; habe fotografiert; bin gegangen, habe eingekauft; habe gekauft; bekommst; habe getroffen; ist; war; hat studiert; hat eingeladen; haben gegessen, getrunken; hat geschmeckt; sind spazieren gegangen; hat gegeben; bin zurückgegangen; war; bin; gehe; geht; klappt

6.

	Verb 1 haben / sein		**Verb 2 Parizip Perfekt**
Die Reise	hat	gut	begonnen.
Gestern	bin	ich in Frankfurt	angekommen.
Der Flug von Seoul nach Frankfurt	hat	ungefähr 11 Stunden	gedauert.
Am Bahnhof Frankfurt/Flughafen	habe	ich den Zug nach Berlin	genommen.
Ich	habe	ungefähr 4 Stunden im Zug	gesessen.
Am Abend	bin	ich am Berliner Hauptbahnhof	angekommen.
Ich	bin	zur Touristen-Information	gegangen.
Da	habe	ich mir einen Stadtplan und das Kulturprogramm	geholt.
Vom Bahnhof	habe	ich den Bus zum Hotel	genommen.
Ich	war	sehr müde.	
Im Hotelzimmer	bin	ich sofort	eingeschlafen.

Lektion 12

1. geradeaus; rechts; geradeaus; links **2.** der Straßenbahn; Ich fahre mit dem Fahrrad; Ich fahre mit dem Bus; Ich fahre mit dem Taxi; Ich fahre mit dem Zug; Ich fahre mit der U-Bahn; dem Flugzeug **3.** a. an b. neben c. mit d. an e. neben f. zur g. in h. in **4.** ··· **5.** Haben Sie ein Doppelzimmer frei?; Hat das Zimmer eine Dusche?; Ich möchte ein Doppelzimmer mit Dusche. Wieviel kostet das?; Was kann man hier in der Umgebung unternehmen?; Wie komme ich zum Dom? **6.** REISEN, INFORMATION, POSTKARTE, ZOO, KAMERA, ROM, TOURIST, PARKEN, AUTO, ZUG, MEER, BAHN, FLUGZEUG

이화여자대학교 독일어교재편찬위원회

위원장 이난희
위 원 김연수 유수연 진일상 최지영(가나다순)

Auf Deutsch, bitte!
Glossar & Lösungen

펴낸날 | 1판 1쇄 2009년 8월 7일
3쇄 2014년 10월 8일
지은이 | 이화여자대학교 독일어교재편찬위원회
펴낸이 | 김훈순
펴낸곳 | 이화여자대학교출판부
주소 | 서울시 서대문구 이화여대길 52(우120-750)
등록 | 1954년 7월 6일 제9-61호
전화 | 02) 3277-2965(편집), 02) 362-6076(마케팅)
팩스 | 02) 312-4312
전자우편 | press@ewha.ac.kr
홈페이지 | www.ewhapress.com
디자인 | 신성기획
찍은곳 | 네오프린텍

ISBN 978-89-7300-840-7 13750
값 2,500원

* 잘못된 책은 바꾸어 드립니다.